ORACIONES

■ PARA ■

CATEQUISTAS

LTP

LITURGY
TRAINING
PUBLICATIONS

Reconocimientos

Expresamos nuestro profundo agradecimiento a los diferentes
propietarios de los derechos de autor por habernos concedido
los permisos necesarios de reproducción. Se ha hecho todo
esfuerzo posible por identificar a los mismos y, si por error
involuntario omitimos alguno de ellos, pedimos nos lo hagan
saber para corregirlo en las próximas ediciones. El reconoci-
miento bibliográfico se encuentra en las páginas 87–90.
A menos que se especifique lo contrario, los textos bíblicos
corresponden a © Nueva Biblia Española, edición latino-
americana. Luis Alonso Schöekel y Juan Mateos. Madrid:
Cristiandad. Todos los derechos reservados.
Contribuyeron con textos: Carlos Maciel del Río y Alejandro
von Rechnitz González.
Oraciones para catequistas © 2003 Arquidiócesis
de Chicago: Liturgy Training Publications, 1800 North
Hermitage Avenue, Chicago IL 60622–1101; 1-800-933-1800,
fax 1-800-933-7094, orders@ltp.org. Todos los derechos
reservados. Visita nuestra página digital: www.ltp.org.
Este libro fue recopilado y editado por Miguel Arias. Kris
Fankhouser fue el editor de producción con la asistencia
de Arturo J. Pérez-Rodríguez. El diseño es de Anna Manhart
y la tipografía a cargo de Kari Nicholls. Arte de la portada por
Barbara Gurwitz. El arte de la página 37 es de Rita Corbin;
el arte de las páginas 65 y 79 es de Susie Novak; y el arte
de la página 86 © 2003 www.clipart.com.
Impreso en los Estados Unidos de América.
Número de catálogo en la Biblioteca del Congreso: 2002116564
ISBN 1-56854-493-6
SPCAT

PRESENTACIÓN

En la experiencia y crecimiento en la fe, quien más influye en la vida humana son los mismos padres. De ellos aprendemos a amar a Dios en distintas maneras, a amarnos a nosotros mismos y a amar a los demás. Aprendemos oraciones que crecen y maduran con nosotros, oraciones que con el paso del tiempo las hacemos nuestras, pues evocan la necesidad de alabar a Dios y también el recuerdo de la experiencia familiar de oración, que se aprendió, sobre todo, en los primeros años de la vida. Es pues la gratitud a Dios y la necesidad de conectarnos con el pasado el efecto que producen algunas de estas oraciones.

Además de la influencia familiar, en nuestra vida de fe hay personas que tienen un influjo notabilísimo: los catequistas, mujeres y hombres, concretamente tú. Es impresionante que con el paso de los años podamos recordar la forma en que nos enseñaron el catecismo que aprendimos de memoria, las oraciones sobre las cuales reflexionamos acerca de su significado, algunos de los aspectos de la Iglesia, nuestras creencias, nuestras esperanzas. También nos hablaron—y enseñaron del servicio a los demás—de consagrarse a una vocación: matrimonio, soltería o vida consagrada. Su palabra y testimonio han sido muy importantes en nuestra vida.

La influencia de nuestros catequistas no hubiera sido tan efectiva si ellos y ellas no hubieran profundizado en su propia experiencia de fe en Jesucristo, pues al fin la catequesis es una profundización de la fe en Cristo, de su palabra que la infunde en sus corazones y mentes, y así es como la transmiten a los nuestros. Toda la experiencia de crecimiento en la fe gira en torno a una inmersión en el misterio de Cristo, en su pasión, muerte y resurrección. Además, es una experiencia viva en cada catequista, a quien bien podríamos aplicar la frase de la plegaria eucarística: "este sacrificio vivo y santo".

Con la intención de apoyar la espiritualidad de los catequistas, presentamos este conjunto de oraciones que recogen la tradición más antigua de la Iglesia (sus himnos y plegarias), de los padres de la Iglesia, y de las grandes mujeres que han dejando su huella en el pensamiento cristiano. Presentamos una gran diversidad de textos, poemas (otra forma de oración), y oraciones tradicionales y de nuestra experiencia de fe en América Latina.

Este libro se imprime en el año de la canonización del primer indígena en el continente americano: Juan Diego, un catequista que es de nuestra raza y que llevó el color de nuestra piel. Aunque le tomó 454 años para llegar a los altares, es de imaginar que su testimonio de fe ha influido en la vida de muchas personas, como lo será el tuyo. Con este recurso, esperamos contribuir a tu crecimiento espiritual y el de quienes a través de ti conocerán y experimentarán un Cristo vivo presente en la eucaristía, en su palabra, en nosotros—su cuerpo místico—y en la persona de quien preside los sacramentos de la Iglesia.

A la vez, deseo profundamente que este libro sea un testimonio de gratitud a las y los catequistas de nuestra América, bañada en sangre martirial, que muchas veces fue suya; a las mujeres que siguen llevando el liderazgo en la transmisión de la fe (como mi catequista Chelo) y a quienes desinteresadamente buscan hacer algo a favor de los demás, es decir, evangelizar.

—Miguel Arias

Pero Moisés insistió al Señor: yo no tengo facilidad de palabra, ni antes ni ahora que has hablado a tu siervo; soy torpe de boca y lengua. El Señor replicó: ¿quién da la boca al hombre? ¿Quién lo hace mudo o sordo, tuerto o ciego? ¿No soy yo, el Señor? Por tanto, ve; yo estaré en tu boca y te enseñaré lo que tienes que decir.

—*Éxodo 4:10–12*

Oración del catequista

Me has llamado, Señor,
a continuar la obra de anuncio del Reino
que inauguró tu Hijo, Jesús.
Con los profetas te quiero gritar:
"Mira, Señor, que no soy más que un niño
que no sabe hablar".
A pesar de todo, Señor,
aquí estoy, para cumplir tu voluntad
y anunciar a todos que tú eres el Dios
	del amor.

Tú, Señor, conoces bien toda mi vida,
mis dudas, fragilidades y pasos vacilantes.
No puedo presumir de nada.
Sólo quiero contar a los demás
las maravillas que has hecho
desde siempre por nosotros.

Señor, haz que en mi comunidad cristiana
tu nombre sea proclamado e invocado;
que los padres ejerzan su responsabilidad
de educadores en la fe;
que los catequistas iniciemos en la fe a los
niños, a los adolescentes y a los jóvenes
con profundidad y vivencia evangélica.

Señor, que yo sepa hacer resonar tu palabra
en medio de mi grupo,
en medio de mi comunidad cristiana
con la sencillez de tu madre, María,
reunida entre los discípulos.
Amén.

—*Parroquia San Francisco de Asís*
  Barcelona, España

Nada te turbe

Nada te turbe,
nada te espante,
todo se pasa,
Dios no se muda,
la paciencia
todo lo alcanza;
quien a Dios tiene
nade le falta:
sólo Dios basta.

Eleva el pensamiento,
al cielo sube,
por nada te acongojes,
nada te turbe.

A Jesucristo sigue
con pecho grande,
y, venga lo que venga,
nada te espante.

—Teresa de Jesús, siglo XVI

El Señor me dirigió la palabra: antes de salir del seno materno te consagré y te nombré profeta de los paganos. Yo repuse: ¡ay, Señor mío! Mira que no sé hablar, que soy un muchacho.

El Señor me contestó: no digas que eres un muchacho; que a donde yo te envíe, irás; lo que yo te mande, lo dirás. No les tengas miedo, que yo estoy contigo para librarte—oráculo del Señor. El Señor extendió la mano, me tocó la boca y me dijo: mira, yo pongo mis palabras en tu boca, hoy te establezco sobre pueblos y reyes, para arrancar y arrasar, destruir y demoler, edificar y plantar.

—*Jeremías 1:4–10*

Poderes bienhechores

Fiel y silenciosamente rodeado
de pobres bienhechores,
protegido y maravillosamente consolado,
quiero vivir estos días con vosotros
y con vosotros entrar en un nuevo año.

El pasado aún quiere atormentar
nuestros corazones,
aún nos oprime la carga de los pesados días.
¡Señor! Confiere a nuestras espantadas almas
la salvación que para nosotros
tienes prevista.

Y si nos tiendes el pesado, el amargo cáliz
del dolor, lleno hasta desbordar,
lo tomaremos agradecidos y sin temblar
de tu buena y amada mano.

Pero si una vez más
quieres concedernos alegría
por este mundo y el brillo de su sol,

al pasado retornará nuestra memoria
y nuestra vida será toda para ti.

Permite que hoy llameen con calor y paz
    los cirios
que tú has traído a nuestra oscuridad;
y, si es posible, reúnenos de nuevo.
Nosotros sabemos que tu luz
brilla en la noche.

Cuando el silencio profundo reine
    a nuestro alrededor,
concédenos escuchar el sonido lleno
del mundo, que invisible se expande
    en torno nuestro,
el supremo canto de loor de todos tus hijos.

Maravillosamente protegido
por poderes bienhechores,
esperemos confiados lo que venga.
Dios está con nosotros mañana y noche,
y ciertamente en cada nuevo día.

    —*Dietrich Bonhoeffer*

El camino de tu vuelta

Señor, Jesús,
prepara tú mismo
en la soledad de nuestros corazones
el camino de tu vuelta.

Que los collados de nuestro orgullo
queden allanados por tu humildad.
Los valles de nuestra desesperación
queden llenos con tu esperanza.
Los caminos retorcidos de nuestras vidas
sean enderezados por tu verdad,
y que florezcan en nuestro desierto
los capullos de tu gozo.

Entonces podremos ver tu gloria
y adorar tu presencia
en el rostro de cada uno
de nuestros hermanas y hermanos.
Amén.

¿Qué es la Biblia?

Me gusta remojar la palabra divina,
   amasarla de nuevo,
ablandarla con el vaho de mi aliento,
humedecer con mi saliva y con mi sangre
el polvo seco de los Libros Sagrados
y volver a hacer marchar los versículos
   quietos y paralíticos
con el ritmo de mi corazón.

Me gusta desmoronar esas costras
que han ido poniendo
en los poemas bíblicos
la rutina milenaria y la exégesis ortodoxa
   de los púlpitos,
para que las esencias divinas y eternas
se muevan otra vez con libertad.

Después de todo,
digo otra vez que estoy en mi casa.

El poeta al volver a la Biblia,
no hace más que regresar
a su antigua palabra,
porque ¿qué es la Biblia más que una
antología poética hecha por el viento
y donde todo poeta legítimo se encuentra?

Comentar aquí, para este poeta,
no es más que recordar, refrescar,
ablandar, vivificar,
poner de pie otra vez el verso suyo antiguo
que momificaron los escribas.

Cristo vino a defender
los derechos de la poesía
contra la intrusión de los escribas,
en este pleito terrible que dura todavía,
como el de los sofistas contra la verdad.

—*León Felipe, siglo XX*

Aquí estoy, Señor.
Quiero ir en tu nombre adonde quieras.
Me pongo en tus manos
como el barro en las manos del alfarero.

Haz de mí un testigo de la fe
para iluminar a los que andan en tinieblas;
un testigo de esperanza,
para devolver la ilusión la ilusión a los
desencantados;
un testigo de amor,
para llenar el mundo de solidaridad.

Aquí estoy, Señor, mándame.
pon tu palabra en mis labios,
pon en mis pies tu diligencia
y en mis manos tu tarea.

Pon tu Espíritu en mi espíritu,
pon en mi pecho tu amor,
pon tu fuerza en mi debilidad
y en mi duda tu voluntad.

Aquí estoy, Señor, mándame
para que ponga respeto entre los seres,
justicia entre nosotros,
paz entre los pueblos,
alegría en la vida,
ilusión en la Iglesia,
gozo y esperanza en la misión.
Amén.

—*Parroquia Santa Clara*
   Barcelona, España

Busco tu rostro

Y ahora, Señor, mi Dios, enseña a mi
corazón dónde y cómo buscarte; donde
y cómo encontrarte.

Señor, si no estás aquí, ¿dónde te buscaré, estando ausente? Si estás por doquier,
¿cómo no descubro tu presencia? Cierto
es que habitas en una claridad inaccesible.
Pero ¿dónde se halla esa inaccesible claridad?

¿Cómo me acercaré a ella? ¿Quién me conducirá hasta ahí para verte en ella? Y luego, ¿con qué señales, bajo qué rasgo te buscaré? Nunca jamás te ví, Señor Dios mío; no conozco tu rostro.

¿Qué hará, altísimo Señor, éste tu desterrado tan lejos de ti? ¿Qué hará tu servidor, ansioso de tu amor, y tan lejos de tu rostro? Anhela verte y tu rostro está muy lejos de él. Desea acercarse a ti y tu morada es inaccesible. Arde en deseo de encontrarte e ignora donde vives. No suspira más que por ti, y jamás ha visto tu rostro. Amén.

—*San Anselmo de Canterbury, siglo XI*

Así será mi palabra, que sale de mi boca: no volverá a mi vacía, sino que hará mi voluntad y cumplirá mi encargo.

—*Isaías 55:11*

Señor del amor: ¡queremos amar sin límites!
para que nuestros jóvenes,
nuestros hijos amen sin límites.

Aquí nos tienes,
Señor, con ganas de hacer algo bello por ti;
aquí nos tienes en busca
de una entrega sin medida;
queremos que sepas que amamos
a tu Iglesia;
presente hoy en la historia.
Esta Iglesia tuya y nuestra,
pobre y pecadora, limpia y santa.

Queremos que nuestros hijos,
nuestros jóvenes aprendan a amar tu Iglesia,
a crecer en la fe de tu Iglesia, nuestra Iglesia:
esta Iglesia, donde todos están unidos
en un mismo bautismo;
esta Iglesia, en la que todos se centran
en la única palabra;
esta Iglesia, que es servidora,
buen samaritano del hombre apaleado;

esta Iglesia, Señor, que hace comunidad
en la fracción del pan.

Que tu Espíritu, Señor Jesús,
    cree la unidad entre nosotros.
Que tu palabra,
    nos una más en un estilo de vida.
Que tu pan de vida,
    nos haga sentar a la misma mesa.
Que tu Reino,
    sea la esperanza que nos una a todos.

Señor Jesús, ayúdanos a caminar hacia ti
    como un sólo pueblo,
ayuda a nuestras familias a vivir en tu amor,
en tu paz y perdón, para ser así testigos
en la historia de tu resurrección.
Amén.

—*Parroquia Santa Clara*
    Barcelona, España

Calor de Dios en sangre redentora,
y un río de piedad en tu costado;
bajo tu cruz quédeme arrodillado,
con ansia y gratitud siempre deudora.

Conózcate, oh Cristo, en esta hora
de tu perdón; mi beso apasionado,
de ardientes labios en tu pie clavado,
sea flecha de amor y paz de aurora.

Conózcame en tu vía dolorosa
y conozca, Señor, en los fulgores
de tus siete palabras, mi caída:

que en esta cruz pujante y misteriosa
pongo, sobre el amor de mis amores,
el amor entrañable de mi vida. Amén.

    — *Liturgia de las Horas*

Es el Señor de todos, generoso con todos
los que lo invocan; porque todo el que
invoca el nombre del Señor se salvará.
Pero, ¿cómo van a invocarlo sin creer en

él?, y ¿cómo van a creer sin oír hablar de
él?, y ¿cómo van a oír sin uno que lo
anuncie?, ¿y cómo lo van a anunciar sin ser
enviados? Según aquello de la Escritura:
bienvenidos los que traen buenas noticias.

—*Romanos 10:13–15*

Oración del catequista

Señor Jesús:
aquí me tienes para servirte
y colocar a tus pies la labor
   en que estoy empeñado.
Tú me escogiste para ser catequista,
anunciador de tu mensaje a los hermanos.
Me siento muy pequeño e ignorante,
soy a menudo inconstante,
pero sé que tú me necesitas.

Gracias por confiar en mí.
Estoy pronto a cumplir esta hermosa tarea
con sencillez y modestia, amor y fe.

Quiero ser instrumento tuyo
para despertar en muchos hermanos:
cariño por tu persona,
confianza en tus promesas,
deseos de seguirte como discípulo.

Bendice día a día mis esfuerzos;
pon tus palabras en mis labios,
y haz que, en comunión con mis hermanos,
pueda colaborar en extender tu Reino.

María, tu que seguiste siempre
con fidelidad las huellas de tu Hijo,
guíanos por ese mismo camino.
Amén.

La oración no es mas que la manifestación
de Dios y de uno mismo. En esta doble
manifestación, de Dios y de uno mismo,
consiste la verdadera y perfecta humildad.
El estado de humildad se consigue cuando
el alma ve a Dios y ve a sí misma. Entonces
se halla en la más perfecta humildad.

—*Santa Ángela de Foligno, siglo XIII*

Tarde te amé,
hermosura tan antigua y tan nueva,
    tarde te amé.
Tú estabas dentro de mí; yo, fuera.
Por fuera te buscaba y me lanzaba
    sobre el bien
    y la belleza creados por ti.
Tú estabas conmigo
y yo no estaba contigo ni conmigo.
Me retenían lejos las cosas.
No te venía ni te sentía,
ni te echaba de menos.
Mostraste tu resplandor
y pusiste en fuga mi ceguera.
Exhalaste tu perfume,
y respiré, y suspiro por ti.
Gusté de ti, y siento hambre y sed.
Me tocaste, y me abraso en tu paz.

—*San Agustín de Hipona*

Tú mantén lo que aprendiste y te convenció; recuerda quiénes te lo enseñaron y también que desde niño conoces la Sagrada Escritura. Ella puede instruirte acerca de la salvación por la fe en el Mesías Jesús.

Todo escrito inspirado por Dios sirve además para enseñar, reprender, corregir, educar en la rectitud; así el hombre de Dios será competente, perfectamente equipado para cualquier tarea buena.

—*2 Timoteo 3:14–17*

Oración por la familia

Oh Dios,
de quien procede toda paternidad
en el cielo y en la tierra,
Padre, que eres amor y vida,
haz que cada familia humana sobre la tierra
se convierta por medio de tu Hijo Jesucristo,
nacido de mujer y del Espíritu Santo,
fuente de caridad divina,
en verdadero santuario de la vida y del amor
para las generaciones
que siempre se renuevan.

Haz que tu gracia guíe los pensamientos
y las obras de los esposos
hacia el bien de sus familias
y de todas las familias del mundo.

Haz que las jóvenes generaciones
encuentren en la familia un fuerte apoyo
para el desarrollo de su personalidad
en la verdad y en el amor.

Haz que el amor,
corroborado por la gracia del sacramento
del matrimonio,
se demuestre más fuerte
que cualquier debilidad y cualquier crisis,
por las que a veces pasan nuestras familias.

Haz finalmente,
que la Iglesia
en todas las naciones de la tierra
pueda cumplir
fructíferamente
su misión en familia
y por medio de la familia.
Tú, que eres la vida, la verdad y el amor,
en la unidad del Hijo y del Espíritu Santo.
Amén.

—*Juan Pablo II*

No en parte alguna puede estar la casa
del inventor de sí mismo
Dios, el Señor nuestro,
por todas partes es invocado,
por todas partes es también venerado.
Se busca su gloria, su fama en la tierra.
Él es quien inventa las cosas,
él es quien se inventa a sí mismo: Dios.
Por todas partes es invocado,
por todas partes es también venerado.
Se busca su gloria, su fama en la tierra.
El que lo encuentra,
tan sólo sabe bien esto: él es invocado,
a su lado, junto a él,
se puede vivir en la tierra.

—*Nezahualcóyotl (1402–1472)*

Tu estrella guió a los magos

Señor Jesús,
rey de reyes, y Señor de señores,
niño nacido de la Virgen María,
tu estrella guió a los magos al pesebre
y te rindieron homenaje
en los brazos de tu madre,
te rogamos que ilumines la estrella
de cada persona
—su razón para esperar y amar—
para que brille en el cielo de nuestros
corazones y nos guíe hasta ti.
Unidos a los magos
podremos ofrecerte los dones
del oro de nuestra fidelidad,
el incienso de nuestra oración,
y la mirra del sacrificio.

El que viene

Señor, sólo los que esperan
mantienen la cabeza levantada
y se alzan de puntillas
buscando al que viene.

Los desesperanzados,
los que ya tienen bastante con lo suyo,
los que no esperan en nadie,
esos bajan la cabeza,
la hunden en el suelo
y sólo miran a la tierra,
mientras dicen:
"No, ya no es posible la salvación".

Con los que confían y esperan,
con los que buscan y no desfallecen,
yo alzo mis ojos a lo alto,
esperando en tu misericordia

Tú, Señor, alegrarás mi corazón,
porque yo he puesto mi esperanza en ti
y sé que no seré defraudado.

Le doy gracias a Dios porque están recibiendo mi palabra como es de verdad, Palabra de Dios; porque muchos la reciben como palabra de hombre, como palabra de enemigo, como palabra de subversivo, como palabra de hombre que solamente quiere el mal. Éste es el triste destino del que predica la Palabra de Dios: ser, como Cristo, signo de contradicción.

Pero bendito sea Dios que eso mismo está diciendo que el vehículo, aunque sea tosco e inútil, es vehículo nada más. Lo que interesa es lo que va en el vehículo: la Palabra de Dios, que es acogida en los corazones y convierte operante la santidad y la vida. Y par eso hay mucha santidad en nuestras comunidades.

—*Óscar A. Romero, 1 de noviembre de 1978*

Señor:
en tu Evangelio podemos aprender
los caminos rectos que llevan a ti.

Queremos pedirte hoy,
en los inicios del curso de catequesis,
que nos enseñes a poner en práctica
el espíritu de las bienaventuranzas,
como único camino que conduce hacia ti:
que seamos pobres en un mundo de locos,
mansos en un mundo violento,
misericordiosos en un mundo intolerante,
alegres en un mundo triste,
luchadores en un mundo apático,
limpios en un mundo de suciedad,
comprometidos en un mundo indolente.

Éste es el único camino
que conduce hacia ese mundo futuro,
hacia ese mundo nuevo,
hacia ese nuevo día eterno y feliz.

Sabemos que este camino tiene asperezas,
dificultades y contratiempos,
pero asumimos el riesgo
de seguir tus pisadas,
porque sabemos que nos conducen a ti
y a nuestra felicidad.

La Iglesia sólo es Iglesia cuando existe para los demás. Para empezar, debe dar a los indigentes todo cuanto posee . . . ha de colaborar en las tareas profanas de la vida social humana, no dominando, sino ayudando y sirviendo. Ha de manifestar a los hombres de todas las profesiones lo que es una vida con Cristo, lo que significa "ser para los demás" . . . nuestra Iglesia tendrá que hablar de mesura, autenticidad, confianza, fidelidad, constancia, paciencia, disciplina, humildad, sobriedad y modestia. No deberá subestimar la importancia del "arquetipo humano", que tiene su origen en la humanidad de Jesús.

La Iglesia no se halla allí donde fracasa la capacidad humana, en los límites, sino en medio de la aldea.

—*Dietrich Bonhoeffer*

Tuya soy, para ti nací

Tuya soy, para ti nací,
¿qué mandas hacer de mi?

Soberana majestad,
eterna sabiduría,
bondad buena al alma mía,
la gran vileza mirad
Dios, alteza, un ser, bondad,
que hoy te canta así.
¿Qué mandas hacer de mi?

Tuya soy, pues me criaste,
tuya pues me redimiste
tuya, pues que me llamaste,
tuya, porque me esperaste,
tuya, pues no me perdí.
¿Qué mandas hacer de mi?

—*Teresa de Jesús, siglo XVI*

He pasado la vida, Señor

Me he pasado la vida, Señor,
en afinar mi lira,
en vez de cantarte.
    Lo siento, Señor.

Me he pasado la vida, Señor,
en buscar mi propio camino,
en vez de caminar contigo.
    Lo siento, Señor.

Me he pasado la vida, Señor,
mendingando amores,
en vez de amarte en mis hermanos
    y hermanas.
    Lo siento, Señor.

Me ha pasado la vida, Señor,
en huir de la noche,
en vez de decir: tú eres mi luz.
    Lo siento, Señor.

Pero, si es verdad, Señor,
que tú nos salvas,
no por nuestras obras
sino por tu gran misericordia,
entonces estamos dispuestos
a recibir tu salvación.
Amén.

El sufrimiento

Resulta infinitamente más fácil sufrir en la obediencia a una orden humana, que en la libertad de un acto realizado con la responsabilidad más personal. Resulta infinitamente más fácil sufrir en comunidad, que a solas. Resulta infinitamente más fácil sufrir más públicamente y con honor, que apartado y en la deshonra. Resulta infinitamente más fácil sufrir en la entrega de la vida corporal, que en el espíritu. Cristo sufrió en la libertad, en la soledad, apartado y en la deshonra, en el cuerpo y en el espíritu, y desde entonces muchos cristianos sufren con él.

—*Dietrich Bonhoeffer*

Bendito eres, Señor; enséñame tus leyes;
Señor, que me alcance tu favor y tu salvación, según tu promesa; así responderé
a los que me injurian, que confío en tu
palabra; no quites de mi boca las palabras
sinceras, porque yo espero en tus manda-
mientos; cumpliré tu voluntad por siempre
jamás; comentaré tus preceptos ante los
reyes y no me avergonzaré; serán mi delicia
tus mandatos, que tanto amo.

—*Salmo 119:12, 41–44, 46–47*

El alma que pena por ver a Dios

En mí yo no vivo ya,
y sin Dios vivir no puedo;
pues sin él y sin mí quedo,
este vivir ¿qué será?
mil muertes se me hará,
pues mi misma vida espero,
muriendo porque no muero.

Es vida que yo vivo
es privación de vivir:
y así, es continuo morir
hasta que viva contigo.
Oye, mi Dios, lo que digo:
que esta vida no la quiero,
que muero porque no muero.

Estando ausente de ti
¿qué vida puedo tener,
sino muerte padecer
la mayor que nunca vi?

Lástima tengo de mí,
pues de suerte persevero,
que muero, porque no muero.

—*San Juan de la Cruz*

La dicha de tener a Dios por Padre

¡Oh, cuán grande es la clemencia del
Señor, cuán grande la difusión de su gracia
y bondad, pues que quiso que orásemos
frecuentemente en su presencia y le llamáse-
mos Padre; y así como Cristo es Hijo de
Dios, así también quiso que nos llamáse-
mos nosotros hijos de Dios! Ninguno
de nosotros osaría llamar a Dios Padre
en la oración, si él mismo no nos lo
hubiese enseñado. Por tanto, hermanos
amadísimos, obremos en consecuencia
como hijos de Dios, para que así como
nosotros nos honramos en tenerle a él
por Padre, él pueda honrarse teniéndonos
por hijos.

—*San Cipriano, siglo III*

Había un hombre que tenía una doctrina.
Una doctrina que llevaba en el pecho
(junto al pecho, no dentro del pecho),
una doctrina escrita que guardaba
en el bolsillo interno del chaleco.

La doctrina creció.
Y tuvo que meterla en un arca,
en un arca como la del Viejo Testamento.
Y el arca creció.
Y tuvo que llevarla a una casa muy grande.
Entonces nació el templo.
Y el templo creció.
Y se comió el arca, al hombre,
y a la doctrina escrita que guardaba
en el bolsillo interno del chaleco.

Luego vino otro hombre que dijo:
El que tenga una doctrina que se la coma,
antes de que se la coma el templo;
que la vierta, que la disuelva en su sangre,
que la haga carne de su cuerpo . . .
y que su cuerpo sea bolsillo, arca y templo.

—*León Felipe, siglo XX*

Oración de bendición por los catequistas

Te bendecimos y alabamos, oh Dios,
porque, según el designio inefable
de tu misericordia,
enviaste a tu Hijo al mundo,
para librarnos,
con la efusión de tu sangre,
de la cautividad del pecado,
y llenarnos de los dones del Espíritu Santo.

Él, después de haber vencido a la muerte,
antes de subir a ti, Padre,
envió a los apóstoles
como dispensadores de su amor y su poder,
para que anunciaran al mundo entero
el Evangelio de la vida
y purificaran a los creyentes
con el bautismo salvador.

Te pedimos ahora, Señor,
que dirijas tu mirada bondadosa
sobre estos servidores tuyos

que, fortalecidos por el signo de la cruz,
enviamos como mensajeros de salvación
    y de paz.
Con el poder de tu brazo,
guía, Señor, sus pasos,
fortalécelos con la fuerza de tu gracia,
para que el cansancio no los venza.
Que sus palabras sean un eco
    de las palabras de Cristo
para que sus oyentes presten oído
    al Evangelio.
Dígnate, Padre,
infundir en sus corazones el Espíritu Santo
para que, hechos todo para todos,
atraigan a muchos hacia ti,
que te alaben sin cesar en la santa Iglesia.
Por Jesucristo, nuestro Señor.
Amén.

—*Bendicional*

Bendito sea Dios,
Padre de nuestro Señor Jesucristo,
que nos ha bendecido
en la persona de Cristo
con toda clase de bienes espirituales
y celestiales.

Él nos eligió en la persona de Cristo,
antes de crear el mundo,
para que fuésemos consagrados
e irreprochables ante él por el amor.

Él nos ha destinado
en la persona de Cristo,
por pura iniciativa suya,
a ser sus hijos,
para que la gloria de su gracia,
que tan generosamente nos ha concedido
en su querido Hijo,
redunde en alabanza suya.

Por este Hijo, por su sangre,
hemos recibido la redención,
el perdón de los pecados.
el tesoro de su gracia,
sabiduría y prudencia.
Ha sido un derroche para con nosotros,
dándonos a conocer
el misterio de su voluntad.

Éste es el plan
que había proyectado realizar por Cristo
cuando llegase el momento culminante:
hacer que todas las cosas
tuviesen a Cristo por cabeza,
las del cielo y las de la tierra.

—*Efesios 1:3–10*

Te damos gracias
por haber puesto en nuestro corazón
el sentimiento más bonito,
más alegre y más sincero que existe:
el amor.

Te damos gracias por ese amor
que sentimos dentro de nosotros
y que tú nos regalas.

Te damos gracias porque,
gracias al amor, nuestra vida
encuentra cada día nuevas ilusiones,
esperanzas y alegrías.

Te damos gracias, Señor,
porque en el amor
somos semejantes a ti.
Gracias, Señor.

Te damos gracias, Padre, por Jesucristo,
por quien has hecho los cielos y la tierra,
las estrellas y el firmamento,
la luna, los astros y los planetas.

Tú eres la luz verdadera,
el sol que ilumina a todo ser humano
que viene a este mundo.
Difundes luz en el universo,
en el corazón del hombre y de la mujer,
en sus alegrías y tristezas.
Reconocemos que junto a los días
hay noches;
junto a la luz, sombras,
y junto a las esperanzas, desesperaciones.

Pero en lo más profundo de todos los seres
te hallas tú, nuestro Dios y nuestro Padre.
Por eso, con los ángeles y santos,
con los que han visto y ven tus señales,
elevamos nuestro canto de alabanza,
ahora y siempre.

—*Casiano Floristán y Luis Maldonado*

Bendito seas, Señor

Realmente es justo y necesario,
nuestro deber y salvación
bendecirte, Señor, Padre Santo,
por Jesucristo,
por cuya palabra dijiste al principio:
    "Haya luz",
y reconocerte que la luz es buena.
Con tu luz revelas, iluminas y salvas,
porque habitas en una luz inaccesible.
Tu luz nos hace ver la luz.
Destierras y quieres que desterremos
      las tinieblas,
que son ceguera de rencores,
odios y egoísmos.
Jesucristo, tu Hijo, el sol naciente,
la luz del mundo que se encarnó
en las oscuridades de una noche
y resucitó en la madrugada del primer día.
Es la luz del mundo para todos los que
      creen en él.

Por lo cual, unidos a todos los iluminados,
santos y ángeles,
proclamamos tu gloria eternamente.

—*Casiano Floristán y Luis Maldonado*

Cántico de Daniel

Bendito eres, Señor,
Dios de nuestros padres:
a ti gloria y alabanza por los siglos.

Bendito tu nombre, santo y glorioso:
a ti gloria y alabanza por los siglos.

Bendito eres en el templo de tu santa gloria:
a ti gloria y alabanza por los siglos.

Bendito eres sobre el trono de tu reino:
a ti gloria y alabanza por los siglos.

Bendito eres tú, que sentado sobre
querubines sondeas los abismos:
a ti gloria y alabanza por los siglos.

Bendito eres en la bóveda del cielo:
a ti honor y alabanza por los siglos.

Creaturas todas del Señor,
bendecid al Señor,
ensalzadlo con himnos por los siglos.

—*Daniel 3:52–57*

Te recordamos, Señor resucitado

Te recordamos, Señor resucitado,
primogénito de entre los muertos.
tu resurrección destruye el poder
de la muerte
y cambia las lágrimas de agonía
en gritos de alegría.
Bendito seas.

Te recordamos, Señor resucitado,
nueva primavera de nuestra vida.
Tu resurrección cubre de flores los campos
y trae la nueva creación
        a nuestros corazones.
Bendito seas.

Te recordamos, Señor suscitado,
nuevo éxodo desde la tierra del pecado.
Tu resurrección nos da la señal
de una nueva marcha a la vida de la gracia.
Bendito seas.

Te recordamos, Señor resucitado,
nuevo Moisés en la montaña.
tu resurrección abre las puertas
de los cielos nuevos y de la tierra nueva.
Bendito seas.

Te recordamos, Señor resucitado,
profeta del tiempo mesiánico.
Tu resurrección da comienzo a la ley
del amor nuevo con corazón renovado.
Bendito seas.

Te recordamos, Señor resucitado,
nueva alianza en fiesta de la cruz.
tu resurrección prepara la mesa
para el pan del cielo y el cáliz de salvación
Bendito seas.

Bendito seas, Padre,
por el don del oído y de la palabra,
que nos permiten comunicarnos
con el mundo y con nuestros
hermanos y hermanas;
y por todo lo que deleita nuestro escuchar:
el murmullo del arroyo,
el susurro del viento,
el canto de los pájaros,
las canciones del mundo joven,
las sinfonías compuestas
por los genios musicales,
los gritos de risa de las personas alegres.

Bendito seas por todos los medios
de comunicación,
que nos informan y nos notifican
hechos vividos en otras latitudes.
A pesar de las manipulaciones
que sobre estos medios ejercen
los rectores del poder y del dinero,

percibimos, aunque a retazos
y confusamente,
que en los sufrimientos de la guerra,
la tortura, la cárcel o los tribunales,
el procesado es tu Hijo Jesucristo,
quien, a su vez, somete a proceso
toda injusticia de este mundo.

Percibimos también a través de tanta noticia
gestos heroicos, entregas generosas,
protestas proféticas, voces apaciguadoras.
En el fondo de este concierto
armonioso estás tú.
Bendito seas, Dios de la palabra y de la vida.
Unidos a todos los coros del mundo,
a las alabanza de quienes viven en la verdad
y a los creyentes que bendicen tu nombre,
nos unimos para expresar
un himno a tu gloria,
por los siglos de los siglos.

—*Casiano Floristán y Luis Maldonado*

Te damos gracias, Padre santo,
y confesamos que es justo y bueno
reconocer lo admirable de la creación,
a pesar de estar injustamente compartida.
Te alabamos,
no por el hambre y la pobreza,
que no son obra tuya.
Te bendecimos porque te ocupas
        de los pobres,
porque sufres en la carne
de los que tienen hambre y sed;
y te damos gracias porque nos enseñas
        el camino,
para que todos coman pan hasta saciarse.

Tú no eres el Dios de la resignación.
Tú liberas al pueblo y no lo engañas,
le das de comer y beber en el desierto
y exiges el salario no pagado.

Tú invitas a comer y beber gratis
en la mesa de todo lo creado;
porque el hambre no se mide por dinero,
y amas la vida de cada criatura.

Gracias, oh Dios,
por la asombrosa claridad de tu palabra
y por el ejemplo vivo de esa palabra tuya
hecha carne en Jesús de Nazaret.
Con él te bendecimos y adoramos,
por los siglos de los siglos.

—*Casiano Floristán y Luis Maldonado*

Te damos gracias, Señor, Dios nuestro,
por haber legado a nuestros padres
una tierra hermosa,
buena y grande,
y habernos hecho salir,
Señor, Dios nuestro,
del país de Egipto,
y habernos liberado de la casa de esclavitud.

Te damos gracias por tu alianza
que sellaste en nuestra carne,
por tu Torá que nos has enseñado,
y por tus leyes que nos has dado a conocer;
por la vida, la bondad y el amor
con que nos has gratificado,
y por el alimento que nos das,
porque provees sin cesar
a nuestras necesidades,
cada día, en todo tiempo y en todo instante.

—*Judeocristianos del siglo I*

Te damos gracias, Padre santo,
Dios justo y misericordioso,
porque la esperanza
que en ti ponen los pobres
no ha sido ni será defraudada.
Tú eres la fuerza de los débiles,
eres el Dios liberador, el Dios que salva.
Cuando tu pueblo estaba esclavizado
enviaste a Moisés
para liberarlo en tu nombre;

tú doblegaste el orgullo de los faraones,
y fuiste delante del pueblo peregrino
hasta la tierra prometida.

Te damos gracias por tu Hijo
y hermano nuestro, Jesucristo,
que puso su vida al servicio
de los cansados y angustiados.
Él abrió los ojos ciegos y los oídos sordos,
proclamó la liberación
a los cautivos oprimidos
en este tiempo de gracia del Señor.
Él es el signo visible de tu Reino.
al pasar de este mundo a ti,
a través de una muerte injusta,
venció a la misma muerte en su dominio
y consiguió la liberación total.
Por todo ello,
unimos nuestras voces
al pueblo que tú amas
para cantarte un himno a tu gloria.

Dios nuestro, Padre de los pobres,
de los reducidos al silencio,
de los que no pueden oír
palabras de esperanza,
de los que caminan buscando la luz
y nunca llegan a los primeros puestos,
envía tu Espíritu en medio de nosotros,
para celebrar con él
la alegría de tu salvación
por los siglos de los siglos. Amén.

—*Casiano Floristán y Luis Maldonado*

Letanía de los santos de América

Cristo, óyenos.
Cristo, escúchanos.
Dios Padre celestial, que quieres que todos seamos hermanos.
Ten piedad de nosotros.

Dios Hijo Jesucristo, liberador del pecado y de sus consecuencias.
Ten piedad de nosotros.

Dios Espíritu Santo, animador de la Iglesia y renovador de la faz de la tierra.
Ten piedad de nosotros.

Nuestra Señora de Guadalupe, estrella de la nueva evangelización.
Ruega por nosotros.

San José, jefe de hogar de la Sagrada Familia. **Ruega por nosotros.**

Santa Rosa de Lima, joven laica patrona de América. **Ruega por nosotros.**

Santa Francisca Javier Cabrini, patrona
de los migrantes.   **Ruega por nosotros.**

San Luis Beltrán, evangelizador de los
indígenas.   **Ruega por nosotros.**

San Felipe de Jesús, joven converso,
misionero y mártir.   **Ruega por nosotros.**

Santo Toribio de Mogrovejo, ejemplo
y patrono de los obispos de América.
                       Ruega por nosotros.

San Toribio Romo y comañeros, mártires
por el Evangelio.   **Rueguen por nosotros.**

San Francisco Solano, misionero
con la música.   **Ruega por nosotros.**

San Roque González, catequista, misionero
y mártir.   **Ruega por nosotros.**

San Martín de Porres, enfermero
de los pobres.   **Ruega por nosotros.**

San Pedro Claver, apóstol de los
afroamericanos. **Ruega por nosotros.**

San Juan Macías, contemplativo
en el trabajo. **Ruega por nosotros.**

San Juan de Brebéuf, gramático, catequeta
y mártir. **Ruega por nosotros.**

San Gabriel Lalemant, misionero
en Canadá, mártir. **Ruega por nosotros.**

San Juan del Castillo, misionero en Chile
y Paraguay, mártir. **Ruega por nosotros.**

San René Goupil, médico, misionero laico
y mártir. **Ruega por nosotros.**

San Isaac Bogues, apóstol de las misiones
y mártir. **Ruega por nosotros.**

San Juan de Lalande, laico misionero
y mártir. **Ruega por nosotros.**

San Alfonso Rodríguez, misionero y mártir.
Ruega por nosotros.

San Carlos Garnier, fundador del seminario
indígena y mártir. **Ruega por nosotros.**

San Noel Chabanel, mártir y misionero
esforzado por aprender lenguas.
Ruega por nosotros.

Santa Margarita de Jesús, joven laica
penitente. **Ruega por nosotros.**

Santa Isabel Seton, educadora y organizado-
ra de la beneficencia. **Ruega por nosotros.**

Santa Margarita de Bourgeoys, catequista
y educadora. **Ruega por nosotros.**

Santa Rosa Filipina, educadora
de indígenas. **Ruega por nosotros.**

San Juan Neumann, obispo, catequeta
y educador. **Ruega por nosotros.**

San Antonio María Claret, obispo
y comunicador popular en Cuba.

Ruega por nosotros.

San Miguel Febres, educador y catequista.

Ruega por nosotros.

San Juan Diego, laico y catequista.

Ruega por nosotros.

San Pedro José de Betancourt, enfermero
de los pobres. **Ruega por nosotros.**

Beatos Cristóbal, Antonio y Juan, niños
indígenas y mártires.

Rueguen por nosotros.

Beato Ignacio de Acevedo, misionero
mártir. **Ruega por nosotros.**

Beato Bartolomé Díez Laurel, enfermero,
catequista y mártir. **Ruega por nosotros.**

Beato Bartolomé Gutiérrez, formador de
apóstoles y mártir. **Ruega por nosotros.**

Beato José de Anchieta, misionero
milagroso del Brasil. **Ruega por nosotros.**

Beata Ana de los Ángeles, renovadora de la
vida consagrada. **Ruega por nosotros.**

Beata María de la Encarnación, contempla-
tiva y educadora. **Ruega por nosotros.**

Beato Francisco de Laval, obispo
y defensor de indígenas.

Ruega por nosotros.

Beata Margarita Youville, auxilio de los
enfermos y los pobres.

Ruega por nosotros.

Beata Kateri Tekakwitha, joven indígena
servidora de los pobres.

Ruega por nosotros.

Beato Pedro Donders, apóstol de los
leprosos. **Ruega por nosotros.**

Beata María Rosa, ejemplar religiosa
educadora. **Ruega por nosotros.**

Beato Junípero Serra, misionero
en California. **Ruega por nosotros.**

Beata Mercedes Molina, educadora
y misionera. **Ruega por nosotros.**

Beato Luis Ceferino, obispo promotor de
obreros y campesinos. **Ruega por nosotros.**

Beata María Leonia, dignificadora del
servicio doméstico. **Ruega por nosotros.**

Beato Ezequiel Moreno, obispo misionero.
Ruega por nosotros.

Beata Laura Vicuña, exiliada adolescente,
mártir de la pureza. **Ruega por nosotros.**

Beato Andrés Vésete, enfermero milagroso.
Ruega por nosotros.

Beato José María de Yermo, catequista
de los jóvenes. **Ruega por nosotros.**

Beata Teresa de los Andes, joven
de encendida oración.

> **Ruega por nosotros.**

Beato Miguel Agustín Pro, apóstol de los
obreros y mártir. **Ruega por nosotros.**

Beato Benito de Jesús, educador y mártir.

> **Ruega por nosotros.**

Beata Catalina de San Agustín, consuelo
de los enfermos. **Ruega por nosotros.**

Beato Federico Janssoone, misionero
franciscano. **Ruega por nosotros.**

Dios, Padre todopoderoso,
por medio de nuestro Señor Jesucristo
te damos gracias y te alabamos
porque sigues presente y activo
entre los hombres.
Estamos ciertos de que en este mundo,
desgarrado por las rivalidades
y las discordias,
tú sabes doblegar los ánimos
y disponerlos a la reconciliación,
pues tu Santo Espíritu es
quien mueve los corazones
oara que vuelvan a hablarse
quienes están distanciados,
se estrechen la mano los que son enemigos
y las naciones busquen
un mutuo y cordial entendimiento.

Eres tú, Señor, quien actúa
cada vez que un acuerdo
pone fin a un conflicto,

cada vez que el perdón
prevalece sobre la venganza
y cada vez que el amor
triunfa sobre el odio.
Por ello es justo, Señor,
que te demos gracias sin cesar
y te alabemos a una con los ángeles
que en el cielo proclaman tu gloria.

—*Oración eucarística de reconciliación II*
    Misal Romano

La Iglesia canta al Hijo

Gozo y luz
de la gloria eterna del Padre,
el altísimo, el santísimo,
¡Jesucristo!

Tú eres digno de ser cantado
en todo tiempo por voces santificadas,
Hijo de Dios que das vida.
Todo el universo te da gloria.

Llegados al fin de la jornada
al contemplar esta claridad al anochecer,
cantamos al Padre y al Hijo
y al Santo Espíritu de Dios.

—_Himno de la tarde_
Liturgia de los primeros siglos

Considera qué felicidad se te ha concedido
y qué gloria llevas contigo: puedes hablar
con Dios por la oración, alternar en
coloquios con Cristo, solicitar lo que
quieres y pedir lo que desees.

—*San Juan Crisóstomo*

El triunfo del resucitado

Vengan, pues, familias todas de los hombres,
amasados de pecados,
y reciban el perdón de los pecados.
pues yo soy su perdón,
yo la pascua de la salvación,
yo el cordero inmolado por ustedes,
yo su rescate, su vida,
yo su resurrección, su luz,
yo su salvación, yo su rey.

Yo soy el que los conduce
a las alturas del cielo.
Yo soy el que les mostrará al Padre
que es antes de todos los siglos.

Yo soy el que los resucitaré
con mi mano derecha . . .
Él es el alfa y la omega,
es el comienzo y el fin,
comienzo inexplicable y fin inaferrable.
Él es el Cristo, él es rey,
él es Jesús.
Él es el Señor,
que resucitó de entre los muertos,
que está sentado a la derecha del Padre.
Él lleva al Padre y es llevado por el Padre.
A él la gloria y el poder por todos los siglos.
Amén.

—*Melitón de Sardes, siglo II*

Señor, venimos a ti hoy
para expresarte nuestro amor de hijos
que se sienten felices
abandonados en el amor de su Padre.

Queremos hablarte
y decirte cosas sencillas.
Cuántas veces
complicamos las cosas
sin darnos cuenta
de lo sencillas que son.

Venimos sencillamente
a llamarte Padre, y, como tal,
te confiamos lo poco o mucho que somos
te ofrecemos lo que somos capaces de hacer.

Que tu amor
sea correspondido con el nuestro;
que tu amor
produzca en nosotros frutos de amor;
que tu amor nos ilumine el camino
        de la vida.

Haz nuestro corazón sencillo
para que podamos entrar en tu Reino.

Al levantarte por la mañana, vete a la iglesia
a orar a Dios, y arrodíllate ante el altar,
haciendo la señal de la cruz. Con tus ojos
mira la cruz, para recordar la pasión de
Nuestro Señor Jesucristo. Levanta los ojos
de tu alma y tus manos a Dios, y besa la
tierra con humildad, recordando que de
ella vienes y a ella volverás.

—*Raimundo Lulio, siglo XIII*

A la cruz

Oh bandera, en cuyo amparo
el más flaco será fuerte;
Oh, vida de nuestra muerte,
qué bien la has resucitado;
al león has amansado
pues por ti perdió la vida.
Vos seáis la bienvenida.

Quien no os ama está cautivo
y ajeno de libertad;
quien a ti quiere allegar
no tendrá en nada desvío.
¡Oh dichoso poderío,
donde el mal no halla cabida!
Seas tú la bienvenida.

Tú fuiste la libertad
de nuestro gran cautiverio:
por ti se reparó el mal

con tan costoso remedio,
para con Dios fuiste medio
de alegría conseguida.
Seas tú la bienvenida.

—*Teresa de Jesús, siglo XVI*

Una Iglesia que sepa sentir como suyo
todo lo humano y quiera encarnar el dolor,
la esperanza, la angustia de todos los que
sufren y gozan, en esa Iglesia será Cristo
amado y esperado, Cristo presente. Y eso
depende de nosotros.

—*Óscar A. Romero, 3 de diciembre de 1978*

Decir tu nombre, María

Decir tu nombre, María,
es decir que la pobreza
compra los ojos de Dios.

Decir tu nombre, María,
es decir que la promesa
sabe a leche de mujer.

Decir tu nombre, María,
es decir que nuestra carne
viste el silencio del Verbo.

Decir tu nombre, María,
es decir que el Reino viene
caminando con la historia.

Decir tu nombre, María,
es decir junto a la cruz
y en las llamas del Espíritu.

Decir tu nombre, María,
es decir que todo nombre
puede estar lleno de gracia.

Decir tu nombre, María,
es decir que toda muerte
puede ser también su Pascua.

Decir tu nombre, María,
es decirte toda suya,
causa de nuestra alegría.

—*Pedro Casaldáliga*

Lo que oímos y aprendimos, lo que nuestros
padres nos contaron, no lo ocultaremos
a sus hijos, lo contaremos a la generación
venidera: las glorias del Señor, su poder,
las maravillas que realizó.

—*Salmo 78:3–5*

Llama de amor viva

¡Oh llama de amor viva,
que tiernamente hieres
de mi alma el más profundo centro!
Pues ya no eres esquiva,
acaba ya, si quieres;
¡rompe la tela de este dulce encuentro!

¡Oh cautiverio suave!
¡Oh regalada llaga!
¡Oh mano blanda!
¡Oh toque delicado,
que a vida eterna sabe,
y toda deuda paga!
Matando, muerte en vida la has trocado.

¡Cuán manso y amoroso
recuerdas en mi seno,
donde secretamente solo moras,
y en tu aspirar sabroso,
de bien y gloria lleno,
cuán delicadamente me enamoras!

—*San Juan de la Cruz*

La sabiduría instruye a sus hijos, estimula
a los que la comprenden. Los que la aman,
aman la vida; los que la buscan, alcanzan
el favor del Señor; los que la retienen con-
siguen la gloria del Señor, acamparán bajo
la bendición del Señor; los que la sirven,
sirven al Santo; Dios ama a los que la aman.

—*Eclesiástico 4:11–14*

Oración por la Iglesia

Dios y Padre nuestro, te rogamos,
por la Iglesia de tu Hijo Jesús.

Haz que resplandezca
con la belleza de Jesús;
haz que evite el pintarse
con la belleza vana del mundo.

Haz que no se desfigure
con las arrugas de la vejez;
haz que represente para todos los pueblos
la esperanza del futuro.

Haz que su rostro sea purificado
de toda mancha de orgullo;
haz que ella prefiera
a los pobres y humildes.

Haz que sea santa y sin mancha;
que no sea mutilada por el error.
Que sea hermosa como una desposada,
engalanada para su esposo;
haz que esquive los adornos
del dinero y del poder.

Señor Jesús,
tú has amado a tu Iglesia
y te has entregado por ella.
Guía a tu Iglesia, para que ella, a su vez,
ame a todos los pueblos
y se entregue a su servicio. Amén.

María, amor y liberación

Cada mañana me despiertas
y abres la ventana de mi vida.
Tu beso de madre
es la inyección de entusiasmo
que me lleva al resto de mis hermanos.
Para gritar con los que gritan,
hablar con por los que no tienen voz,
luchar con los que luchan,
luchar por los que no tienen fuerzas.
Siempre te siento a mi lado
—ahora digo ya a nuestro lado—
liberadora.
Rompes las cadenas
de nuestro mutismo.
Abres la urna de nuestras intimidades.
Amplías nuestros caminos estrechos.
Enderezas nuestros senderos tortuosos.
Vas delante abriendo camino.
Detrás, empujándonos amorosa.

A nuestro lado,
en amigable y segura compañía.

—*Alfonso Francia*

Nos dijeron de noche
que estabas muerto,
y la fe estuvo en vela
junto a tu cuerpo;
la noche entera,
la pasamos queriendo
mover la piedra.

Con la vuelta del sol,
volverá a ver la tierra
la gloria del Señor.

No supieron contarlo
los centinelas
nadie supo la hora
ni la manera;
antes del día,
se cubrieron de gloria
tus cinco heridas.

Con la vuelta del sol,
volverá a ver la tierra
la gloria del Señor.

Si los cinco sentidos
buscan el sueño
que la fe tenga el suyo
vivo y despierto;
la fe velando,
para verte de noche
resucitando. Amén.

—*Liturgia de las Horas*

A Nuestra Señora de América

Virgen de la esperanza,
madre de los pobres,
señora de los que peregrinan:
óyenos.
Hoy te pedimos por América Latina,
el continente que tú visitas
con los pies descalzos,
ofreciéndole la riqueza del niño
que aprietas en tus brazos.

Un niño frágil que nos hace fuertes,
un niño pobre que nos hace ricos,
un niño esclavo que nos hace libres.
Virgen de la esperanza;
América despierta,
sobre sus cerros despunta la luz
de una mañana nueva.
Es el día de la salvación
que ya se acerca.

Señora de los que peregrinan:
somos el pueblo de Dios
en América Latina.
Somos la Iglesia
que peregrina hacia la Pascua.
Nuestra Señora de América:
ilumina nuestra esperanza,
alivia nuestra pobreza,
peregrina con nosotros
hacia el Padre. Así sea.

—*Cardenal Eduardo Pironio (Adaptación)*

Mentes cansadas,
manos encallecidas,
labriegos al fin de la jornada,
jornaleros de tu viña,
venimos, Padre,
atardecidos de cansancio,
agradecidos por la lucha,
a recibir tu denario.

Llenos de polvo,
el alma hecha girones,
romeros al filo de la tarde,
peregrinos de tus montes,
venimos, Padre,
heridos por los desengaños,
contentos por servir a tu mesa,
a recibir tu denario.

Hartos de todo,
llenos de nada,
sedientos al broquel de tus pozos
y hambrientos de tu casa,
venimos, Padre,
el corazón entre tus brazos,
la frente humilde de delitos,
a recibir tu denario. Amén.

—*Liturgia de las Horas*

La catequesis

Los catequistas se convirtieron en porta-
voces de la reflexión de la comunidad,
y no tanto en los maestros que llevaban
una reflexión prefabricada. La Palabra
de Dios se fue reflexionando en el seno
de las comunidades a partir de los aconte-
cimientos y situaciones vivenciales y fueron
los catequistas los recolectores de la cosecha
del pensamiento comunitario.

Sin la dedicación abnegada de nuestros
servidores y catequistas, muy escaso sería
el avance evangelizador . . . ellos reúnen
a las comunidades, al menos semanalmente,
y alimentan la fe de las comunidades con
sus palabras, su ejemplo y sus acciones.

—*Samuel Ruiz García*

Señor:
tú has venido a enseñarnos a perdonar,
tú has venido para cambiar la ley
        por el amor.
Venimos a pedirte
que nos enseñes a tener nuestro corazón
en constante actitud de amor.

Sabemos que si amamos
nuestro corazón no tiene fronteras
para acoger a los demás.

Tú, que nos enseñaste a perdonar,
danos fuerza para que nuestro perdón
sea sincero, de corazón, sin rencores.

Que siempre recordemos que,
para obtener tu perdón,
hemos de otorgar el nuestro
a aquellos que nos han ofendido.

Señor:
gracias por contar con tu perdón
y gracias por hacer que por nuestro medio
los demás puedan sentir
que tú les perdonas
si se sienten perdonados por nosotros.

Bibliografía

Oración del catequista, página 1. www.pazybien.org. Franciscanos conventuales, c/Bertrán 14, 08023 Barcelona, España.

Nada te turbe, página 3. Herráiz Maximiliano. *Santa Teresa de Jesús, obras completas.* (Salamanca: Ediciones Sígueme.1997), 1136.

Poderes bienhechores, página 5. Bonhoeffer, Dietrich. *Resistencia y sumisión.* (Salamanca: Ediciones Sígueme, 2001), 280.

El camino de tu vuelta, Deis Lucien. *Oraciones bíblicas.* (Chicago: World Library Publications, página 7.

¿Qué es la Biblia?, página 8. Diego, Gerardo. *León Felipe, obra poética escogida.* (Madrid: Espasa-Calpe,1997), 99.

Aquí estoy, Señor, página 10. www.pazybien.org. Franciscanos conventuales, c/Bertrán 14, 08023 Barcelona, España.

Busco tu rostro, página 11. Codesal. *La oración en la Sagrada Escritura y en los Santos Padres,* antología de textos, no. 11 (Sevilla: Apostolado mariano), 14.

Señor del amor, página 13. www.pazybien.org. Franciscanos conventuales, c/Bertrán 14, 08023 Barcelona, España.

Calor de Dios, página 15. Farnés Schererer, Pedro. Liturgia *de las Horas para los fieles,* editor. (México: Obra Nacional de la Buena Prensa. 5ª edición, 1988), 544.

Oración del catequista, página 16. Devociones.org.

La oración no es, página 17. Codesal. *La oración en la Sagrada Escritura y en los Santos Padres,* antología de textos, no. 11 (Sevilla: Apostolado mariano), 69.

Tarde te amé, página 18. Helmut Rakowski, OFMCAP, recopilador. *Manual para catequistas y cantores.* (México: Dabar, 1999), 172.

Oración por la familia, página 20. Juan Pablo II. Librería Editrice Vaticana. Ciudad del Vaticano, Italia.

No en parte, página 22. León Portilla, Miguel, editor. *Estudios de Historia de la Filosofía en México*. (México: Universidad Nacional Autónoma de México, Imprenta universitaria 1985), 44.

Tu estrella guió las vuelta, Deis Lucien. *Oraciones bíblicas*. (Chicago: World Library Publications), página 23.

El que viene, página 24. http://perso.wanadoo.es/argelio/oraciones.html

Le doy gracias, página 25. Romero, Óscar A. *La violencia del amor*. (Firmington: The Plough Publishing House, 2001), 99.

En tu Evangelio, página 26. http://perso.wanadoo.es/argelio/oraciones.html

La Iglesia sólo, página 28. Bonhoeffer, Dietrich. *Resistencia y sumisión*. (Salamanca: Sígueme, 2001), 267.

Tuya soy, página 29. Herráiz, Maximiliano. *Santa Teresa de Jesús, obras completas*. (Salamanca: Sígueme, 1997), 1109.

He pasado la vida, Señor, Deis Lucien. *Oraciones bíblicas*. (Chicago: World Library Publications), página 30.

Resulta infinitamente más, página 31. Bonhoeffer, Dietrich. *Resistencia y sumisión*. (Salamanca: Sígueme, 2001), 21.

El alma que pena, página 32. Herráiz, Maximiliano. *San Juan de la Cruz, obras completas*. (Salamanca: Sígueme, 1992), 74.

La dicha de tener a Dios por Padre, página 34. Codesal. Codesal. *La oración en la Sagrada Escritura y en los Santos Padres*, antología de textos, no. 10 (Sevilla: Apostolado mariano), 177.

Parábola, página 35. Diego, Gerardo. *León Felipe, obra poética escogida*. (Madrid: Espasa-Calpe, 1997), 127.

Oración de bendición, página 38. *Bendicional*. Conferencia del Episcopado Mexicano. (México: Obra Nacional de la Buena Prensa, A.C, 2000), 158.

Bendito sea Dios, página 40. Farnés Scherer, Pedro, editor. *Liturgia de las Horas para los fieles.* (México: Obra Nacional de la Buena Prensa. 5ª edición, 1988), 584.

Te damos gracias, página 42. http://perso.wanadoo.es/argelio/oraciones.html

Te damos gracias, Padre, página 42. Floristán, Casiano y Maldonado, Luis. *Oraciones de acción de gracias.* (Madrid: Trotta,1995), 32.

Bendito seas, Señor, página 44. Floristán, Casiano y Maldonado, Luis. *Oraciones de acción de gracias.* (Madrid: Trotta, 1995), 42.

Cántico de Daniel, página 45. Farnés Scherer, Pedro, editor. *Liturgia de las Horas para los fieles.* (México: Obra Nacional de la Buena Prensa. 5ª edición, 1988), 565.

Te recordamos, Señor resucitado, Deis Lucien. *Oraciones bíblicas.* (Chicago: World Library Publications), página 46.

Bendito seas, Padre, página 48. Floristán, Casiano y Maldonado, Luis. *Oraciones de acción de gracias.* (Madrid: Trotta, 1995), 66.

Te damos gracias, Padre santo, página 50. Floristán, Casiano y Maldonado, Luis. *Oraciones de acción de gracias.* (Madrid: Trotta, 1995), 108.

Te damos gracias, Padre santo, página 52. Floristán, Casiano y Maldonado, Luis. *Oraciones de acción de gracias.* (Madrid: Trotta, 1995), 232.

Letanía, página 55. "Letanía de los santos de América", *Actualidad Litúrgica*, 97 (92): 33–34.

Dios, padre todopoderoso, página 63. *Misal Romano.* Plegaria Eucarística de reconciliación II. (México: Obra Nacional de la Buena Prensa, A.C.).

La Iglesia canta, página 66. Noël-Jean Benzançon, Marie-Jean Onfray, Ferlay Philippe. *Para decir el credo.* (Estella: Verbo Divino, 1998), 54.

El triunfo del resucitado, página 67. Noël-Jean Benzançon, Marie-Jean Onfray, Ferlay Philippe. *Para decir el credo.* (Estella: Verbo Divino, 1998), 90.

Señor, venimos a ti, página 69. http://perso.wanadoo.es/argelio/oraciones.html

Al levantarte, página 70. Codesal. Codesal. *La oración en la Sagrada Escritura y en los Santos Padres,* antología de textos, no. 11 (Sevilla: Apostolado mariano), 79.

A la cruz, página 71. Herráiz Maximiliano. *Santa Teresa de Jesús, obras completas.* (Salamanca: Sígueme, 1997), 1114.

Una Iglesia, página 72. Romero, Óscar A.: *La violencia del amor.* (Firmington: The Plough Publishing House, 2001), 102.

Decir tu nombre, página 73. http://servicioskoinonia.org/pedro/poesia/index.html

Llama de amor, página 75. Herráiz, Maximiliano. *San Juan de la Cruz, obras completas.* (Salamanca: Sígueme, 1992), 71.

Oración por la Iglesia, Deis Lucien. *Oraciones bíblicas.* (Chicago: World Library Publications), página 76.

Cada mañana, página 78. Francia, Alfonso. *Oraciones desde la vida.* (Madrid: CCS, 2000), 158.

Nos dijeron, página 79. Farnés Scherer, Pedro. *Liturgia de las Horas para los fieles.* (México: Obra Nacional de la Buena Prensa. 5ª edición, 1988), 508.

Oración a María, página 81. Helmut Rakowski, OFMCAP, recopilador. *Manual para catequistas y cantores.* (México: Dabar, 1999), 102.

Mentes cansadas, página 82. Farnés Scherer, Pedro. *Liturgia de las Horas para los fieles.* (México: Obra Nacional de la Buena Prensa. 5ª edición, 1988), 593.

La catequesis, página 84. Ruiz García, Samuel. *En esta hora de gracia.* (México: Dabar, 1993), 30.

Señor, tú has venido, página 85. http://perso.wanadoo.es/argelio/oraciones.html